Made in the USA
Columbia, SC
20 December 2021

52079006R00067